Delia Naranjo Macías

¡Pepi, mía!

A mi hija, Marina, que sabe ver más allá de lo evidente y todo lo que toca lo impregna de amor.

Cuando la perrita llegó hasta la carretera pasaban los coches muy deprisa. Se quedó unos minutos en la cuneta pensando cómo dirigirse hacia el otro lado. Camiones, coches, motos... ¡a toda velocidad! Así no podía cruzar. Estaba asustada, pero olía a comida procedente de un bar que se encontraba a las afueras del pueblo.

BAR

Ella era muy joven, la habían abandonado en mitad del bosque y aún no entendía cuánto peligro suponía cruzar. No recordaba el camino de vuelta a casa aunque sí las caricias de una niña, quien únicamente la había tratado bien. Estaba triste, tenía miedo y hambre. Se sentía muy sola sin saber qué hacer al borde de la carretera. Cerró los ojos y empezó a correr. Quería ir hasta el pueblo, donde había luz y olor a comida recién hecha. Pero antes de terminar de cruzar... ¡pum!

Un coche la atropelló y ni se paró al escucharla aullar de dolor. Lloró y lloró tumbada en el arcén sin poder moverse. Ahora solo pensaba en aquella niña que la trataba bien. Quería volver a la que fue su casa, a pesar de que no le daban apenas de comer, siempre estaba atada en el jardín y cuando saludaba levantando sus manitas, la golpeaban. Sin embargo, era la única familia que había conocido, lo más parecido a un hogar...

De repente, un coche se detuvo y se bajó una persona, quizás para ayudarla, pero a la perrita, al ver la silueta entre la niebla refractada por los focos de los coches en movimiento, le pareció que hacia ella se dirigía un monstruo gigante y alargado. En un ataque de pánico, corrió cojeando de una patita lastimada tras el atropello. Huyendo se alejó de la carretera hasta llegar al pueblo.

BAR

Del bar la echaron a patadas. Escuchó cómo una mujer comentaba:

—¡Qué asco! Esa perra tan sucia seguro que trae parásitos y enfermedades. ¡Fuera de aquí, chucho!

Se marchó con el rabito entre las patas sin comprender por qué la rechazaban siempre...

¡Shuuu!

Al día siguiente bebió de un charco y se revolcó por la arena. Ya no le dolía el traumatismo del atropello y con otro ánimo, volvió al bar a probar suerte.

En una mesa vio a una niña sentada con sus dos mamás y pensó:

—¿Me darán de comer o me volverán a pegar?

Tímidamente, se acercó cabizbaja. Esta vez sí tuvo suerte.

—Ven, perrita, acércate. Toma —dijo una de las madres acercando la mano al hocico de la perra.

—Pobrecita, está abandonada —agregó la otra madre agachándose a tocarla con suavidad.

Pero ella tenía mucho miedo y, aunque nunca le habían hablado en ese tono, dio tres pasos hacia atrás, por lo que la niña, que se llamaba Marina, para evitar que siguiera retrocediendo, le tiró unos trozos de pan sonriéndole.

—¡Pepi, mía! —balbuceó.

—Entonces, se llamará Pepi. La ayudaremos, Marina —añadieron las mamás.

¡Pepi, mía!

Cada día le rellenaban unos tarros con agua y comida en la puerta de la casa. Extrañamente, engordó en poco tiempo, pero no se dejaba tocar, porque seguía temiendo que le hicieran daño, que la encerraran, que la maltrataran de nuevo...

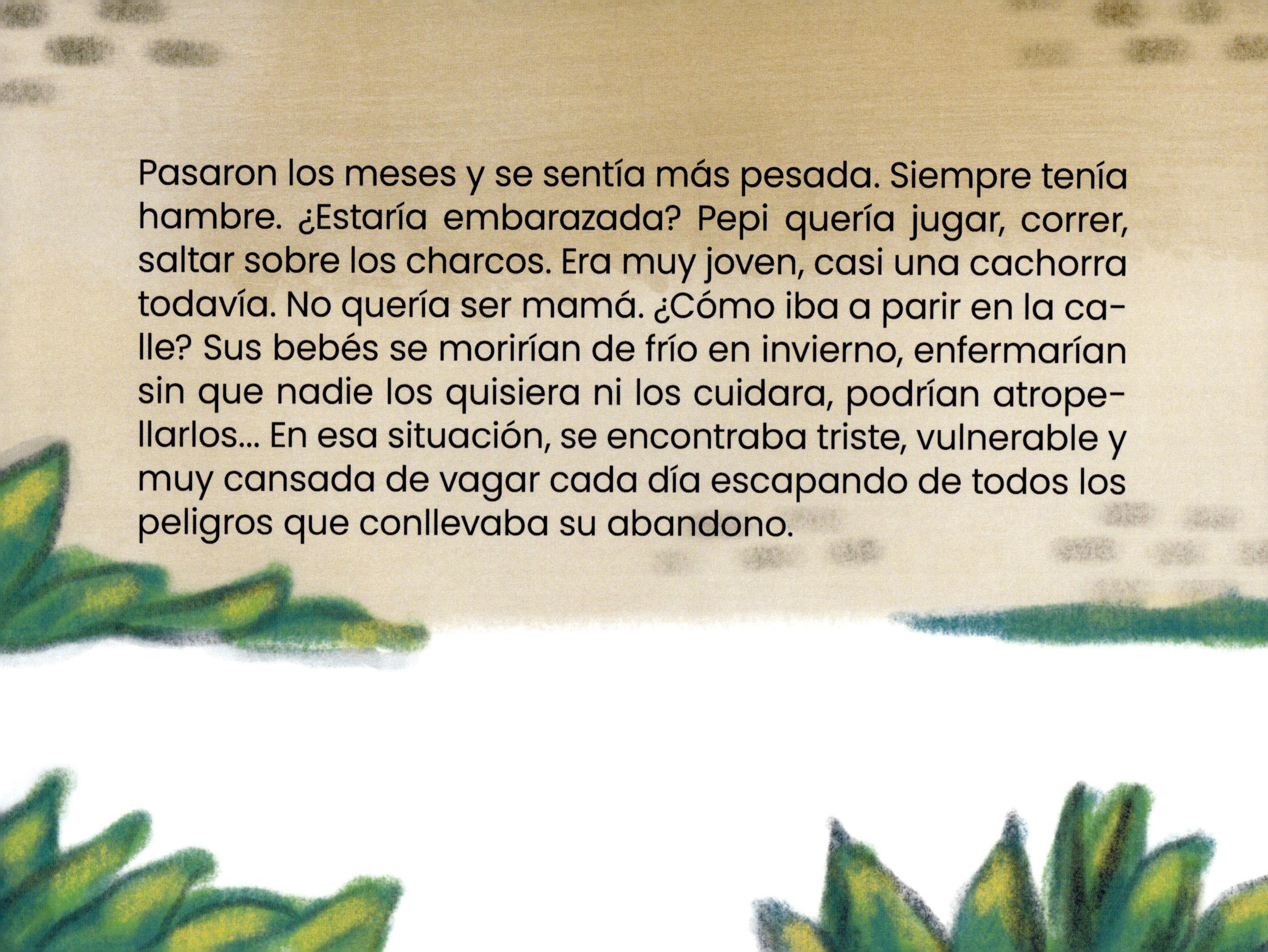

Pasaron los meses y se sentía más pesada. Siempre tenía hambre. ¿Estaría embarazada? Pepi quería jugar, correr, saltar sobre los charcos. Era muy joven, casi una cachorra todavía. No quería ser mamá. ¿Cómo iba a parir en la calle? Sus bebés se morirían de frío en invierno, enfermarían sin que nadie los quisiera ni los cuidara, podrían atropellarlos... En esa situación, se encontraba triste, vulnerable y muy cansada de vagar cada día escapando de todos los peligros que conllevaba su abandono.

Al llegar a la puerta de la casa para comer, como siempre, agachó la cabeza. Resignada, se quedó inmóvil y cerrando los ojos con todas sus fuerzas, por fin, se dejó tocar.

—¡Pe-pi, mía, mía, mía! —escuchó tiernamente decir a Marina, que estaba aprendiendo a hablar.

Una mamá la cogió con cariño y cuidado levantándola del suelo. Todavía no había sido capaz de abrir los ojos ni de dejar de temblar, pero por primera vez en su vida se sintió a salvo.

¡Pe-pi mía, mía, mía!

Las mamás y Marina la llevaron al veterinario. Allí le contaron que tenía diez meses. Pese a todo, era una perrita sana y no había necesidad de que tuviera a los cachorros, ya que no estaban formados. Muy despacito, agradecida, empezó a mover su cola.

Tras la revisión veterinaria la trasladaron a una granja con otros perros rescatados. Justo en ese momento, una familia había adoptado a Choco, que saltaba de alegría y se despedía de los demás que también esperaban su oportunidad.

—Tranquila, Pepi. Ya no estarás sola nunca más —le dijo Neme, un mestizo de mastín enorme que había estado en la perrera.

—Aquí nos cuidan mucho. Siempre nos acarician. Salimos a pasear por el campo todos los días, juegan con nosotros y corremos libremente —añadió Curro, otro perrito.

—Ven, Pepi. Te tenemos una cama preparada, tu comida favorita y un montón de pelotas, todas para ti. Aquí siempre tendrás una familia que te quiera bien. A partir de hoy, puedes vivir sin miedo.

Resumen biográfico autora:

Delia Naranjo (1990) es licenciada en Filología Hispánica por la Universidad de Granada. Además, obtuvo tres títulos de másteres oficiales por la UNIR, la UPO y la UHU. Especializada en estudios avanzados de literatura hispanoamericana y española, así como en la enseñanza de español como lengua extranjera, actualmente, se dedica a la docencia.

Su activismo en defensa de los derechos de los animales hizo que en 2014 fundase la asociación Colectivo Animalista del Condado, que se convirtió en una de las asociaciones con más fuerza de la provincia de Huelva habiendo rescatado y dado en adopción a más de mil animales.

En su experiencia vital ha disfrutado de la cercanía con Doñana, siempre vinculada a la protección del medioambiente y la biodiversidad.

Aunque hasta la mayoría de edad vivió entre Hinojos y Bollullos del Condado (Huelva), ha residido durante años en Granada y en Inglaterra.

En esta ocasión, nos propone la lectura de su primer cuento infantil, ¡Pepi, mía!, donde la dureza y la sensibilidad se dan la mano para acompañarnos en una historia cargada de esperanza, un relato enfocado hacia el futuro con su hija de tres años como coprotagonista.

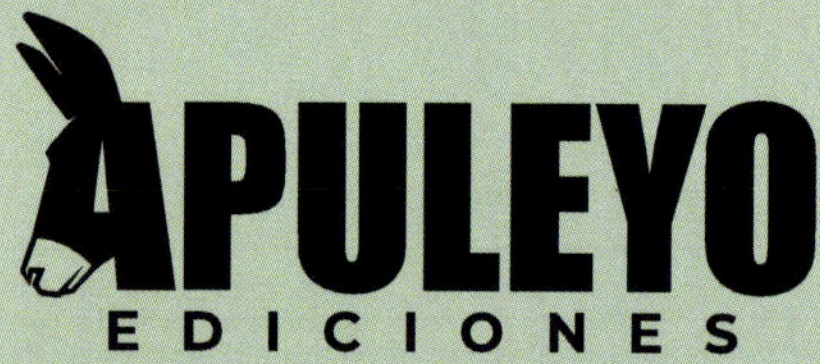

©Delia Naranjo Macías (de la obra)
©Apuleyo Ediciones (de esta edición)
Primera edición en Apuleyo Ediciones: marzo 2025
Diseño de cubierta: Alejandro Rosas
Corrección: Aida Ramos
Maquetación: Alejandro Rosas
Ilustraciones: Romina Camoranesi
Coordinación editorial: Isidoro Cidre González
info@apuleyoediciones.com
www.apuleyoediciones.com
ISBN: 978-84-1060-538-1
Depósito legal: H 722-2024

Hecho e impreso en España.